CATALOGUE

D'UNE JOLIE

COLLECTION DE TABLEAUX.

Les mesures des Tableaux sont prises par pouces et non par pieds.

B. T. C. signifient bois, toile et cuivre.

IMPRIMERIE DE A. BARBIER, RUE DES MARAIS S.-G. N. 17.

CATALOGUE

D'une jolie Collection

DE TABLEAUX

DES TROIS ÉCOLES,

TANT ANCIENNES QUE MODERNES,

PROVENANT EN PARTIE DE L'ÉTRANGER ;

Pour la plupart piquans et agréables,

ET PAR LES MEILLEURS MAITRES,

Dont la vente aura lieu, salle LEBRUN, rue de
Cléry, n. 21, les 22 et 23 avril 1829.

*Elle sera précédée d'une exposition publique, le lundi 21 dudit mois, et dans
le local indiqué ci-dessus, de midi à cinq heures de relevée.*

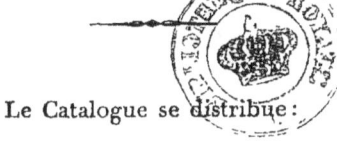

Le Catalogue se distribue :

A PARIS,

CHEZ { M. COUTELLIER, commissaire-priseur, rue des Bons-Enfans, N.
M. ROUX, du Cantal, appréciateur d'objets d'arts, rue des Marais-St.-Germain, N. 13.
Et le Concierge de la salle de vente.

1829.

AVERTISSEMENT.

La collection de tableaux qu'on nous a chargés de livrer aux enchères publiques, provient en partie de l'étranger, et se compose des productions des trois écoles, tant anciennes que modernes, pour la plupart offrant des sujets généralement piquans et agréables, et par des maîtres les plus distingués.

On y remarquera principalement deux beaux paysages, par Salvator Rosa, Dominicain, Caravage, Panini, Carle Marate, Maria Crispi, Albert Durer, Francia Guerchino, Berghem, Ruisdael, Rachel-Ruyseeh, Van Bergen, Dietrici, Devet, Ryskaert, Teniers, Moucheron, Bourdou, Demarue, Drolingue, Billecoq, Valin, Merimé, Mademoiselle Gérard, Swagers, et nombre d'autres habiles artistes.

L'exposition publique aura lieu lundi seulement, 21 avril, salle le Brun, rue de Cléry n. 21, de midi à cinq heures de relevée.

CATALOGUE

D'UNE JOLIE

COLLECTION DE TABLEAUX.

ÉCOLE D'ITALIE.

SALVATOR-ROSA.

1. — Deux beaux et riches paysages, représentant des sites agrestes et sauvages, comme la majeure partie des productions de ce grand peintre. Le premier offre de grandes masses de rochers qui s'élèvent au centre le plus élevé et couronné d'un ancien monument; sur divers plateaux, des bergers gardant leurs troupeaux. Sur le premier plan, une femme lave à une rivière, pendant que des hommes sont occupés à tirer de l'eau des troncs d'arbres entraînés par le torrent.

Le second plus riche et plus important encore, quoique pendant du précédent, représente aussi un site montueux dont la partie supérieure est couronnée d'une ancienne forteresse entourée de plusieurs arbres, plus bas un jeune pâtre garde ses vaches et ses moutons; sur la gauche, et près d'un tertre sabloneux, surmonté de broussailles d'un effet et d'une touche extraordinaire, un homme de guerre veut entraîner près de lui une jeune femme qui est debout, pendant que plus loin un autre se livre au sommeil ; un troisième tenant sa lance, est occupé à regarder des hommes retirant d'un torrent divers objets que la rapidité de l'eau vient d'entraîner, sur la droite plusieurs troncs d'arbres dépouillés de leurs feuilles servent de repoussoir à cette belle production.

Ces deux beaux tableaux ne laissent rien à désirer sous le rapport de l'exécution et de la belle conservation, et sont dignes de faire l'ornement d'une galerie souveraine, d'autant plus qu'ils sont dans le ton clair et d'or que l'on désire dans ce maître, quoiqu'ils soient sous crasse. T. 42, p. l. 58 p.

MARIA CRISPI.

2. — Entrevue de Saint Charles Borromée avec saint Philippe de Nerri, et de saint Félix de Cantatrice capucin.

Ce charmant petit tableau du plus beau faire de ce maître, semble digne du Carrache et du Dominicain, pour la belle couleur, et la sagesse de la composition. C, h.° 15 p. l. 10 p. 61.

LORENZO DI CRÉDI.

3. — La vierge à genoux adore l'Enfant Jésus qui est couché devant elle, pendant que le jeune saint Jean présente un jeune enfant qui tient ses petites mains croisées sur sa poitrine, également pour l'adorer.

Ce tableau classique, d'une parfaite conservation pour l'époque, rappelle un digne contemporain du Perrugin, et de Léonard de Vinci, tous les trois élèves d'Andrea del Verrochio. Bois de forme ronde 33 p. en tous sens.

PIETRO DI CORTONE.

4. — L'empereur Attila à la tête de son armée, est arrêté dans sa marche, par le courroux céleste, et de saints évêques, faisant porter devant eux le signe de la rédemption. Le premier lui montre de la main le châtiment céleste, prêt à le frapper.

Ce tableau d'un grand mérite d'exécution, est aussi recommandable par les teintes harmonieuses du clair-obscur, et peut figurer dignement dans le cabinet ou la galerie d'un homme de goût. T. l. 44, h. 64 p.

CARLO MARATTA.

5. — Composition capitale, représentant l'adoration des bergers, enrichie d'un grand nombre d'anges; un plan élevé laisse voir la suite des bergers qui viennent apporter des présens à l'Enfant-Jésus, que sa mère tient dans ses bras, et que Saint Joseph debout présente à leurs adorations.

Il serait difficile de trouver un tableau plus important, et d'une dimension plus agréable que celui que nous venons de décrire, nous ne saurions trop le recommander aux amateurs de la grande école. T. l. 30, h. 38 p.

PANNINI (Jean Paul).

6. — Sous des voûtes en ruines, le jeune saint

Jean, prêche un nombreux auditoire. Ce charmant tableau d'une touche ferme et spirituelle, est assez connu par la gravure, pour être considéré comme une des plus jolies productions de ce maître. T. l. 14, h. 18 p.

LÉANDRE BASSAN.

7. — Adoration des bergers, composition d'un grand nombre de figures avec une gloire d'anges dans la partie supérieure. Tableau convenant parfaitement bien à une Chapelle. T. l. 48. h. 60.

BASSAN (Jacques).

8. — L'adoration des bergers, composition de six figures, la Vierge, l'Enfant Jésus, saint Joseph sur la gauche, et trois bergers sur la droite.

Il est impossible de trouver un tableau de ce maître, d'une plus belle couleur, et d'une plus parfaite conservation. T. l. 32, h. 28 p.

GUERCHINO.

9. — La madeleine dans sa grotte solitaire, et n'ayant que ses beaux cheveux blonds pour tout vêtement, est consolée par deux anges T. l. 22. h. 30 p.

CARAVAGE (Michel-Ange).

10. — Deux évangélistes, saint Marc et saint Jean. T. l. 18. h. 22 p.

DOMINICAIN.

11. — Paysage historique orné d'un grand nombre de belles figures. T. l. 42. h. 32 p.

FRANCIA.

12. — Jésus-Christ enfant. T. l. 15. h. 10 p.

A. VERONEZE.

13. — Cléopâtre devant Auguste. T. l. 48. h. 30.

JORDONNO (Lucas).

14. — Énée sauve son père Anchise, de l'embrâsement de Troie. T. l. 30. h. 24 p.

PAR LE MÊME.

15. — Abigail au bain entourée de ses femmes. T. l. 12. h. 18.

LOCATELLI.

16. — Un paysage vigoureux d'effet et bien lumineux. T. l. 23. h. 29 p.

ÉCOLE FLAMANDE.

ALBERT DURER.

17. — Tableau très-curieux et fini de pinceau, sujet du Christ descendu de la croix, la Vierge le tient embrassé; le fond offre un paysage très-pittoresque. Ce tableau, aussi recommandable par l'ancienneté que par l'exécution, mérite toute l'attention des amateurs. B. l. 14. h. 11.

NICOLAS BERGHEM.

18. — Beau et riche paysage, représentant un site d'Italie, l'horizon est borné par des montagnes, le centre est occupé par un lac. Le premier plan, à gauche, est ombragé par de grands-arbres spirituellement feuillés, sous lesquels se reposent un berger et une bergère, près d'eux est une vache, deux chèvres et un chien.

Un ton chaud et doré, une touche large et facile, distinguent cette charmante production, qui porte la date de 1655. T. h. 29 p. l. 37 p.

RACHEL RUYSCH.

19. — Sur une console de marbre, et dans une carafe de cristal, sont des roses, des œillets, des tulipes, des pavots et des chardons, et autres plantes et fleurs; à gauche et à droite sont des abricots, des pêches, et des raisins; la rosée du matin est encore sur les fleurs et les fruits. Un grand nombre de mouches et de papillons voltigent sur les fleurs, et semblent, par leur vérité, en disputer à la nature même.

On ne saurait faire un trop grand éloge de cette production d'une femme justement célèbre, et à qui la postérité ne rend pas d'assez justes éloges. Un fini précieux, une touche ferme, une couleur légère et transparente, distinguent cette production capitale, bien digne de figurer dans le cabinet d'un homme de goût. T. h. 28 p. l. 24.

JACQUES RUYSDAEL.

20. — Paysage agréable, représentant un canal

sur la gauche, dont les eaux transparentes reflètent la clarté d'un beau ciel, un côteau voûté s'élève sur la droite, que soutient un mur, au milieu duquel est une porte en bois qui semble conduire à une cave. Il est ombragé par deux gros arbres, sous l'ombrage desquels un berger assis garde ses moutons; on aperçoit les toits rustiques de deux maisons de paysans, bâties sur le revers de la montagne. Les premiers plans sont occupés par de gros troncs d'arbres renversés, et le second par une femme occupée à laver.

Ce tableau, d'un effet piquant, est soutenu par un ton chaud et doré. Nous avons conservé à cette jolie production l'attribution qu'on lui a toujours donnée. B. h. 16 p. l. 15.

CORNEIL BÉGUIN.

21. — Dans un paysage, dont une grande partie de l'horizon est borné par une haute montagne, au pied de laquelle passe une rivière; la gauche du premier plan est occupée par un grand arbre, et le second par un homme conduisant son âne chargé, et une femme son troupeau.

Ce charmant tableau, d'un ton clair et transparent, rappelle parfaitement les ouvrages de Berghem. B. h. 17 p. l. 15.

T. VAN BERGEN.

22. — Deux jolis petits paysages, le premier représente trois vaches et deux moutons; celle du milieu est couchée.

Le second, deux vaches, dont une couchée, et un bœuf se grattant contre un arbre.

Ces deux échantillons, d'un ton clair et argentin, sont aussi d'une grande finesse d'exécution. Toile marouflée sur bord, h. 7. p. l. 10.

DU MÊME.

23. — Paysage orné de grands arbres sur la droite, le centre est occupé par plusieurs vaches, des moutons, et un cheval; une femme assise est occupée à les garder, près d'elle est son chien.

Ce tableau, très-fin d'exécution, fait regretter qu'il soit sur impression rouge. T. h. 15. p. l. 18.

WINANTS.

24. — Bien que ce beau et riche paysage soit de la première manière de ce maître, néanmoins on y trouve cette finesse et cette force de touche qui distingueront toujours les ouvrages de ce grand paysagiste; les figures qui enrichissent et animent ce tableau, sont de la main de Lingelback. T. l. 38. h. 30.

HENRI VAN STEENWICK (Perd.).

25. — Vue intérieure d'une église gothique; sur la droite, plusieurs cardinaux sont occupés à couronner un roi, qui est entouré de plusieurs pages et des grands officiers de son royaume; les figures sont de l'un des Francs. B. h. 27 p. l. 36.

DAVID RYCKAERT.

26. — Dans un fond de paysage, et à la porte d'une maison rustique, un paysan, sa femme et ses enfans, entourent une table, sur laquelle est du jambon dans un plat, l'homme est occupé à

couper du pain à la manière hollandaise, pendant que sa femme, qui tient le plus jeune de ses enfans sur ses genoux, verse un verre de bière sur la forme du chapeau d'un jeune mendiant; derrière le père de famille, on voit une laie entourée de ses petits.

Ce tableau vigoureux, est tout-à fait dans la manière de Brauwer, dont il fut imitateur. T. h. 30 p. l. 40.

DEVET.

27. — Éliéser et Rebecca, composition de cinq figures, dans un paysage, dont les fonds représentent la ville de Jérusalem. B. l. 31, h. 24.

ÉCOLE HOLLANDAISE.

28. — Un précieux paysage offrant un site, occupé en partie par un canal, sur lequel on voit diverses barques chargées de jolies petites figures. T. l. 16. h. 12.

NETSCHER (Constantin.)

29. — Une allégorie sur Louis XIV. On le voit enfant et monté sur un aigle, symbole de la force et de la puissance; près de lui sont le duc du Maine, la duchesse de Longueville et la princesse sa sœur. T. l. 40. h. 33.

ERNEST DIETRICCY.

30. — Beau et bon paysage, représentant un site d'Italie, plusieurs rochers s'élèvent majestueusement sur la gauche, sur lesquels une jeune femme

garde ses moutons en filant, de belles masses d'arbres leur servent de repoussoir ; un chemin passe à leurs pieds. Les premiers plans, sur la droite, offrent également une femme assise gardant ses moutons ; un terrain rocailleux, couvert de mousse, orne les devans du côté droit.

Une touche savante et facile, une couleur chaude et vigoureuse, font de cette production un chef-d'œuvre de ce maître qui ne saurait être trop bien apprécié. T. h. 22. l. 27.

MÊME ÉCOLE.

31. — Deux philosophes en regard. B. h. 10. l. 7.

DU MÊME.

32. — Deux autres têtes en regard et vues de profil. B. h. 12. l. 9.

DU MÊME.

33. — Deux philosophes en méditation, et un chimiste ; ils sont tous trois assez près d'une table. B. h. 8. l. 7.

ROSE DE TIVOLI.

34. — Paysage montueux, un berger et une bergère gardant leurs troupeaux, pendant qu'une femme sur le premier plan conduit son âne.

D'un ton vigoureux, et dans la manière de Berghem. T. l. 26. h. 18 p.

ROTTHENAMER (Jean).

35. — L'adoration des bergers, composition de plus de trente figures d'une grande richesse d'exé-

cution, une gloire d'anges célébrant avec la voix et divers instruments la venue du fils de Dieu. C. l. 10 h. 12 p.

GRIFFIER.

36. — Dans un paysage, trois chiens de chasse se reposent de leurs fatigues. Plusieurs gibiers sont étendus à leurs côtés. T. l. 18. h. 19 p.

VANDER-BURCK (Signé).

37. — Fruits, fleurs, insectes, en bas-relief, et perroquet, tableau d'une grande finesse, digne du pinceau d'Abraham Mignon. T. l. 21 h. 18 p.

BRIL (Paul).

38. — Dans un paysage d'un site de l'Afrique, et près des bords de la mer, on voit plusieurs turcs qui sont sur le point de forcer deux autruches.

Les figures de ce joli petit tableau, sont d'Annibal Carrachi, et d'une grande fermeté d'exécution. T. l. 12. h. 17 p.

TENIERS (David).

39. — Petit paysage sur le devant duquel coule une rivière où quelques pêcheurs sont occupés à retirer leurs filets. B. l. 9. h. 7 p.

PAR LE MÊME.

40. — Jolie pastiche dans la manière du Bassan, représentant dans un paysage, trois femmes, dont deux assises, et la troisième semble occupée à faire la cuisine, un jeune garçon en face d'elle,

tient une gamelle qu'il souffle parce que sa soupe est trop chaude.

Tous les amateurs de tableaux savent que c'est le maître que Téniers a le mieux imité; on ne peut le reconnaître que pour une touche plus fine et plus spirituelle, car pour le ton local, il est de la plus grande illusion. T. l. 14. h. 10. p.

PAR LE MÊME.

41. — Un tableau qui nous paraît également être une pastiche de ce grand maître, représentant l'arche de Noé, on voit sur les premiers plans du tableau, diverses figures et nombre d'animaux qui vont s'embarquer. C. l. 12. h. 9.

BEGA.

42. — Jeune femme passant la main sous le menton d'un jeune homme. B. l. 9. h. 12 p.

MOUCHERON.

43. — Vue d'un parc et château d'Hollande, tableau d'une couleur vigoureuse et transparente. T. l. 23. h. 19 p.

ATTRIBUÉ AU MÊME.

44. — L'intérieur d'un parc, la droite offre un château, et le côté opposé des promenades. Le premier plan est orné de diverses figures. B. l. 18. h. 14 p.

VANDER-POOL.

45. — L'incendie d'un village pendant la nuit, nombre de paysans sont occupés à éteindre et arrêter les progrès du feu. B. l. 18. h. 12.

DEKER.

46. — Un beau paysage. T. l. 29. h. 25.

WOUWERMANS (pierre).

47. — Une riche et agréable composition, représentant un marché aux chevaux à la porte d'un village, tableau brillant de lumière et d'un effet piquant. T. l. 24. h. 17.

HERMAN D'ITALIE.

48. — Paysage d'un grand effet, d'une couleur chaude et d'un ton doré. T. l. 36. h. 29.

BRENDT.

49. — Paysage avec figures, par M. Lecœur. T. l. 14. h. 12.

STEEN.

50. — Vénus, Adonis et l'Amour sur le devant d'un paysage. B. l. 12. h. 14.

GLAUBERT ET LAIRESSE.

51. — Un paysage historique, jolie composition exécutée d'un pinceau fin et d'une couleur vigoureuse. T. l. 14. h. 12.

NICASIUS.

52. — Une chasse aux lions. C. l. 13. h. 9.

MOLNAERT.

53. — Un hiver, tableau digne de Rusdael. T. l. 12. h. 17.

ZEMAN.

54. — Une très-jolie marine. B. l. 9. h. 7.

M. KNIP.

55. — L'intérieur d'une étable, déjà le soleil est couché, une jeune bergère avec son troupeau, composé d'un âne, de plusieurs vaches, et de moutons, des volailles sont perchées sur la droite, et plusieurs canards viennent de se baigner dans une marre qui occupe le premier plan.

Ce charmant tableau de la plus grande vérité, ne peut manquer de captiver l'attention des amateurs distingués de l'école vivante. T. h. 18. l. 22 p.

VERBOUCKAUVEN.

56. — Un paysage agréable et bien composé. T. l. 14. h. 12.

ÉCOLE FRANÇAISE.

SEBASTIEN BOURDON.

57. — Sacrifice offert au Seigneur par un pa-

triarche, accompagné de son épouse ou de sa fille ; un ange, dans le ciel, semble leur annoncer l'accomplissement de leurs vœux. Le second plan offre des bergers conduisant leurs troupeaux.

Ce tableau, d'une parfaite conservation, est du meilleur temps et de la plus belle couleur de ce maître. T. h. 30 p., l. 28.

ATTRIBUÉ AU MÊME.

58. — L'adoration des bergers. Riche composition ; pinceau suave et dessin correct. T. l. 25 p., h. 11.

VERNET (EN ITALIE).

59. — Une tempête de jour. La mer, agitée par la violence des vents, renverse un bâtiment que l'on distingue à peine dans les eaux. Plus loin, à droite, un autre, chargé de ses voiles, est également menacé du même danger. Sur le premier plan, on remarque nombre de gens de mer occupés à sauver les débris des équipages dispersés ou détruits par la fureur de l'orage. Ce tableau mérite les regards des amateurs. T. l. 42 p., h. 32.

DEMARNE.

60. — Paysage clair et vaporeux, orné sur la gauche d'une grande masse de rochers formant une voûte, sous laquelle passe un chemin. Plusieurs jolies figures, ainsi que des animaux spirituellement touchés, achèvent d'enrichir cette charmante production du meilleur temps et du plus beau faire de cet aimable artiste que les arts ont à regretter. Bois, h. 19 p., l. 25.

PAR LE MÊME.

61. — Dans un paysage riant, représentant les bords fleuris de la Seine, les paysans sont occupés à rentrer les foins. Le premier plan est occupé par un beau taureau bai brun, vu de profil et debout, pendant que le second l'est par un jeune veau couché, à la droite duquel un ânon semble se gratter contre le tronc d'un arbre; une belle plante, bien étudiée, comme tout le reste de cette production, semble, par sa vérité et sa fermeté d'exécution, digne du pinceau de Berghem. T. h. 22 p., l. 28.

PAR LE MÊME.

62. — Pendant du tableau précédent, représente également dans un fond de paysage où se reposent plusieurs animaux, un taureau debout, bai clair, le corps de profil et la tête tournée du côté du spectateur; près de l'animal est une jeune bergère tenant une quenouille.

Du même mérite d'exécution, les études terminées de ce peintre sont extrêmement rares; il serait difficile de s'en procurer d'une plus belle exécution et d'une plus grande vérité.

DROLING.

63. — Deux jolis petits paysages. L'un représente une grande route passant au pied d'un tertre sabloneux ombragé de deux grands arbres, au pied de l'un desquels un homme vêtu de rouge se repose. Le premier plan est occupé par une villageoise qui porte un panier sur sa tête.

L'autre, un site montueux dans le lointain ; plusieurs fabriques sont à droite. La gauche est occupée par des troncs d'arbres aux pieds desquels passe une femme qui file.

Ces deux jolis échantillons, pleins d'esprit et de finesse, se font aussi remarquer par une grande vérité de couleur. Bois, h. 8 p. 6 l., l. 6 p. 6 l.

M. BILCOQ.

64. — Intérieur rustique, deux chasseurs semblent revenir de la chasse, dont le gibier est déposé aux pieds du premier, qui prend son repas sur le fond d'un tonneau, pendant que l'autre le regarde appuyé sur son fusil ; sa femme, assise devant lui, semble parler avec sa vieille mère qui, assise sur une chaise, à droite du premier plan, en face d'une cheminée, semble s'amuser avec sa petite fille.

Ce charmant tableau, plein de vie, et d'une couleur agréable, comme toutes les productions de cet aimable auteur, se recommande comme étant du meilleur temps de ce maître. T. h.

DU MÊME.

65.—Deux jolis tableaux d'intérieurs rustiques, dont l'un est le même sujet en petit que le tableau précédent. B. h. 5. l. 7.

DU MÊME.

66. — Deux intérieurs, l'un d'une bergerie, dans laquelle une laitière apprête son lait pour le faire conduire en ville, par un jeune garçon qui semble écouter les instructions de sa mère, l'âne

semble prêt à partir; une brebis, un agneau, et une vache, sont sur la gauche; le second, une écurie, dans laquelle deux hommes sont occupés à faire rentrer des bœufs et des moutons.

Ces deux jolis tableaux sont de la plus grande finesse d'exécution. B. h. 7 p. l. 8 p.

DU MÊME.

67. — Deux intérieurs d'écuries, dans l'une l'on voit un jeune garçon conduisant un âne par le licol, un moins âgé se tient avec crainte sur l'animal, qui est éclairé par la porte ouverte : le second représente également une écurie dans laquelle un postillon fait son repas sur un tonneau renversé, auprès d'une jeune personne à qui il semble conter fleurette, un paysan le sert; un cheval de charrette est prêt à être attelé, pendant qu'un autre blanc est sur la litière, à droite du premier plan. B. h. p. 7. l. 8.

MADEMOISELLE GÉRARD.

68. — Dans un appartement, une jeune dame debout, tenant un porte-crayon, semble se disposer à dessiner un groupe de deux amours, vus à l'aise par une fenêtre; un carton de dessin est près d'elle sur un fauteuil; est en vue jusqu'aux genoux.

Ce tableau est fin et d'une bonne couleur. T. h. 17. p. l. 14.

VAN GORP. (Signé 1798).

69. — Un concert champêtre, composition de six figures, deux dames chantent pendant qu'une troisième, debout, pince de la guitare.

Ce tableau, d'une bonne couleur, est aussi très-fin d'exécution. T. h. p. 13. l. 14.

M. GARNIER.

70. — En face d'un monument public, et pendant un orage, dont l'eau vient de grossir le ruisseau, une jeune élégante, vêtue de blanc et coiffée d'un chapeau de paille orné d'une plume blanche, se fait passer sur le dos d'un homme. Plusieurs jolies figures, sur le second plan, terminent de rendre ce tableau extrêmement piquant. T. h. 17. p. l. 14.

DU MÊME.

71. — Pendant du tableau précédent; représente, dans l'intérieur d'un appartement, une jeune femme debout, qui tient une lettre d'une main, pendant que de l'autre elle montre un portrait à une femme âgée, qui s'appuie sur une table sur laquelle le déjeûner est servi; ce tableau, non moins précieux de finesse que d'exécution, est également d'une parfaite conservation. T. h. 11. p. l. 14.

DU MÊME.

72. — Intérieur de l'atelier d'un peintre; il est assis, occupé à peindre une jeune dame vêtue de satin blanc, elle semble accompagnée de plusieurs personnes de sa famille. Un grand nombre de figures antiques et autres accessoires enrichissent cette charmante production, non moins précieuse que les précédentes. T.

DU MÊME.

73. — Dans l'intérieur d'un appartement, un jeune homme, vêtu d'un habit rouge, enlace une jeune personne, d'une figure intéressante, de la main gauche, pendant que de la droite il veut cueillir une rose, action à laquelle elle s'oppose en lui retirant le bras; sujet allégorique et ingénieux, des intentions du jeune téméraire; d'une grande finesse d'exécution. T. h. p. 17. l. 14.

M. BERTON.

74. — Dans un paysage agréable et solitaire, et au bord du ruisseau, Hermaphrodite tient la jeune Salmaer sur ses genoux; on devine facilement l'embarras du dieu et la timidité de la jeune nymphe.

Ce charmant tableau se recommande par la beauté et la finesse du ton, du chaud dans les dernières teintes. T. h. 30. p. l. 24.

DU MÊME. Pendant du précédent.

75. — A l'entrée d'une grotte éclairée d'un coup de soleil, un jeune chasseur surprend une jeune nymphe sortant du bain, qui n'a que le temps de cacher sa tête de son léger vêtement.

Ces deux jolis tableaux, d'un dessin correct et d'une couleur agréable, ne peuvent manquer de plaire aux amateurs des formes élégantes. Toile de même dimension.

M. VALIN.

76. — Un charmant tableau de cet aimable et

habile peintre français, offrant une Bacchante nue et couchée ; elle est environnée des enfans de la tonne et d'une joueuse d'instrumens. B. l. 10. h. 48.

PAR LE MÊME.

77. — Une autre tête de bacchante vue des trois quarts. T. l. 12. h. 15.

M. GÉRARD.

78. — Un joli petit paysage d'un effet mystérieux, boisé dans ses extrémités. Le premier plan offre une femme conduisant un baudet chargé, une chèvre et un chien. T. l. 12. h. 9.

M. Le MAY.

79. — Un joli petit tableau, qui fait honneur à ce jeune artiste français, représentant une guinguette des environs de Paris. Sur le premier plan on remarque diverses sociétés; les unes boivent, fument, et les autres jouent aux quilles. T. l. 9 h. 7.

SENAVE.

80. — Jeune femme faisant de la dentelle. T. l. 7. h. 9.

BRUANDET.

81. — Un joli paysage de ce maître. T. l. 12 h. 9.

LEGILLION.

82. — Jeune Pâtre gardant un troupeau. T. l. 12. h. 9.

(ATTRIBUÉ A M.) MÉRIMÉ.

83. — Une jeune personne donne à manger une pomme à un serpent. Esquisse d'un plus grand tableau. T. h. 8. l. 5 p.

FRANÇOIS IMBERT. (SIGNÉ 1786.)

84. — Deux jolis petits tableaux faisant pendant. L'un représente le sujet de Rose et Colas; le second, une jeune personne négligemment vêtue, semble déplorer la perte de son oiseau chéri qui est envolé. Elle est assise sur un lit en désordre.

Ces deux jolis échantillons sont d'une couleur digne de Greuse, dont il était l'instituteur. Ils sont tous deux gravés. B. h. 8. p. l. 10.

M. ROYER.

85. — Trois tableaux militaires de différentes armes. 2 de 8. p. sur 6., 1 de 10 p. sur 8.

CASANOVA. (D'UN ÉLÈVE DE.)

86. — Deux tableaux faisant pendant. Le premier offre une marine; une grande masse de rochers sur la droite, une autre sur la gauche du premier plan lui sert de repoussoir.

87. — Le second représente un paysage éclairé d'un soleil couchant; plusieurs animaux sont sur le premier plan; un jeune pâtre est près d'eux assis.

Ces tableaux d'un beau ton et d'un effet agréable, sont peints avec l'entente de perspective d'un talent déjà formé. T. h. 14. p. l. 16. p.

DE LEBRUN.

88. — La Madeleine avant d'expirer reçoit la communion des mains d'un ange. T. h. 48. p. l. 40. p.

FRÉDÉRIC SCHALL.

89. — Deux charmans petits tableaux représentant avant et après le mariage. Les gravures généralement connues de ces deux jolies productions, nous dispensent d'une plus longue description. T. l. 17. p. l. 14. p.

MONOYER (JEAN BAPTISTE.)

90. — Deux tableaux de fleurs. L'un représente des roses blanches et des roses dans un vase de terre ; l'autre des giroflées de plusieurs couleurs dans un même vase. T. h. 28. l. 20.

DU MÊME.

91. — Bouquet de diverses fleurs. T. h. 15. p. l. 10. p.

M. SWAGERS.

92. — Deux jolis paysages entrecoupés de rivières et de canots, qui rendent le sol frais et les prairies verdoyantes, sur lesquelles paissent et se reposent des moutons et des vaches. A l'ombre des arbres, de jolies figures en diverses attitudes achèvent d'animer ces deux jolies productions, du meilleur temps de ce peintre agréable. B. h. 17. l. 22.

MEUBLE CURIEUX.

93. — Un beau et riche meuble du siècle de François Ier, en ébène, à tiroirs et compartimens, orné de colonnes, statues et de pierres orientales, monté sur son pied dans le même style. H. 60. 1. 36.

On vendra sous le N° 93, diverses gravures, quelques dessins, des litocromies et quelques bordures, et les autres objets omis au présent catalogue.

FIN.

www.ingramcontent.com/pod-product-compliance
Lightning Source LLC
Chambersburg PA
CBHW030107230526
45471CB00003B/1297